Rei



# Grands personnages

## *et petite histoire... de France*

prat éditions

## *Le haut Moyen Âge*



## *De Hugues Capet aux Valois*

## *La Renaissance*



## *Vers la monarchie absolue*

## *De Louis XV à la fin de la Révolution*



## *De Bonaparte à Napoléon Ier*



## *De la Restauration à la Belle Époque*

## *De 1900 à 1930*



## *Les heures sombres… et après*

# Le haut Moyen Âge

## Clovis et Clotilde

Elle est chrétienne, il est païen… En 493, Clovis épouse Clotilde, princesse burgonde, dont la vie est ***une suite de malheurs***. Elle a vu son père Chilpéric II assassiné par son oncle Gondebaud, ses frères et sa mère noyés par le même charmant personnage. Mais Clotilde va porter chance à son nouvel époux. En 496, celui-ci, qui combat les Alamans sur la rive droite du Rhin, risque d'être vaincu, ses soldats subissant un massacre en règle. Alors que la bataille semble perdue, il implore : « Dieu de Clotilde, viens à mon secours… ! » et, dans une prière, promet de se faire baptiser si le combat change de mains. Ô miracle, les Alamans reculent, et Clovis remporte la bataille de Tolbiac (l'actuelle Züplich, au sud de Cologne). Respectant sa promesse, il se fera baptiser peu après, dans la cathédrale de Reims.

Mais Clotilde n'est pas au bout de ses peines : elle a mis au monde quatre fils, dont Clodomir, qui sera tué au cours d'une bataille contre les Burgondes dirigés par Gondebaud, en laissant derrière lui trois jeunes garçons. Clotilde prend ses petits-fils sous son aile, ce qui n'est pas du goût des descendants de Gondebaud, qui craignent pour leur pouvoir. Sous un prétexte fallacieux, les enfants de Clodomir sont mandés à Paris, puis retenus comme ***otages*** par leurs oncles. Sur les trois innocents condamnés, Théobald et Gunthaire sont assassinés, et seul Clodoald en réchappe. Devenu adulte, il prend l'habit et fonde un monastère près de Paris : Clodoald, devenu Cloald, Cloud, et plus tard Saint-Cloud…

## Frédégonde et Brunehaut

Chilpéric Ier, petit-fils de Clovis et roi de Neustrie, est un guerrier brutal et un mari infidèle. Il épouse en secondes noces Galswinthe, en 566 ou en 567, une ***union toute politique*** pour ne pas partager des terres avec un autre de ses frères, qui a pris pour femme Brunehaut, la sœur de Galswinthe. Chilpéric entretient en même temps une maîtresse, Frédégonde. Peu de temps après son mariage, Galswinthe, méprisée par son mari et persécutée par Frédégonde, demande à retourner en Espagne, sa terre natale. Mais cette autorisation lui est refusée : en 568, sans doute sur ordre de Frédégonde, elle est étranglée dans son sommeil…

Brunehaut, qui voue dès lors à Frédégonde, devenue reine de Neustrie, une ***haine inexpiable***, va connaître un sort pire encore, mais bien des années plus tard : la vengeance est un plat qui se mange froid. Dans chacun des deux clans, on s'entretue pour le pouvoir et ce, pendant des décennies, jusqu'à ce que Clotaire II, fils de Chilpéric Ier et de Frédégonde, s'empare en 613 de sa vieille ennemie – Brunehaut a plus de soixante-dix ans ! – et la fasse mettre à mort en lui infligeant des tortures abominables !

## Dagobert

Pourquoi donc le bon roi Dagobert (petit-fils de Chilpéric Ier) avait-il mis sa culotte à l'envers ? En réalité, il ne s'agit pas de Dagobert. De plus, à l'époque, les culottes n'existaient pas encore. Cette ***chanson*** fut écrite sous le règne de Louis XVI, habile moyen de se moquer du monarque sans attirer les foudres de la censure. Des paroles supplémentaires furent ajoutées sous Napoléon III.

Revenons à notre roi Dagobert, dernier des grands souverains mérovingiens, qui gouverna pendant dix ans avant de mourir assez jeune. Par rapport à ses prédécesseurs, il avait une vision politique, et souhaitait la constitution d'un ***royaume fort et uni*** couvrant le nord-est de la France, avec Paris pour capitale.

Il s'appliqua à garantir des frontières sûres, et eut pour conseiller le bon saint Éloi : réputé pour sa droiture, Éloi était aussi un orfèvre hors pair.

Dagobert résidait souvent à Clichy, où il entretenait une cour somptueuse. Amoureux des femmes, on lui compte un très grand nombre d'épouses et de conquêtes. Il fut le premier roi à se faire enterrer à la basilique Saint-Denis, qu'il avait embellie et fait agrandir au cours de son règne. Elle devint alors la nécropole des rois de France.

## le géant Charlemagne

Vous l'ignorez peut-être, mais Charlemagne était un véritable géant ! Fils de Pépin le Bref, Charles Ier le Grand (en latin *Carolus Magnus*), naît en 747. Son biographe Éginhard a laissé un portrait de lui très évocateur : d'une ***carrure impressionnante***, le roi a le regard vif et, contrairement aux représentations qu'on connaît de lui, un visage glabre. Si la voix est trop haut perchée, il émane pourtant de sa personne une autorité naturelle qui impressionne vivement ses interlocuteurs. Très sportif, il pratique la natation et l'équitation. Il possède un don pour les langues : il maîtrise celle de la Neustrie, qui deviendra le français, et celle de l'Austrasie, qui donnera naissance au haut allemand ; il lit aussi le latin et comprend le grec, qu'il a appris assez tard. En revanche, il ne sait pas écrire, ayant plutôt pour habitude de manier l'épée que la plume. Grand, Charlemagne l'est aussi par l'empire qu'il va constituer durant son règne. À sa mort, il a largement étendu ses territoires vers l'est, et fait d'Aix-la-Chapelle la capitale de son royaume.

## Roland tué par… les Basques

À l'école, on vous a sans doute enseigné, comme à des générations d'élèves, que Roland avait été tué par les Sarrasins à Roncevaux au retour de l'expédition d'Espagne menée par les Francs en 778, mais rien n'est plus faux ! Charlemagne et son armée se sont rendus en Espagne à l'appel du wali (gouverneur) de Saragosse qui s'est révolté contre l'émir de Cordoue. Or, lorsqu'ils arrivent sur place, le wali a changé de camp et oppose de la résistance aux troupes franques. Au bout de deux mois, Charlemagne, toujours ***tenu en échec***, décide de repasser la frontière car les Saxons se révoltent à nouveau à l'est de l'empire. Mais l'arrière-garde, qui est commandée par Roland, comte de la marche de Bretagne, tombe au col de Roncevaux dans un guet-apens, qui a été mis en place par les Basques. Il y laissera la vie… Ce neveu de Charlemagne, qui était peut-être un de ses fils illégitimes, est aussi le héros de *La Chanson de Roland*, un long poème écrit vers la fin du xᵉ siècle, qui fut d'abord chanté.

# De Hugues Capet aux Valois

## Aliénor d'Aquitaine

Parmi les reines, Aliénor d'Aquitaine est sans doute une de mes préférées. Femme libre, courageuse, elle a eu un destin exceptionnel. En 1137, elle fait son entrée dans l'histoire en épousant, à Bordeaux, Louis VII, héritier du trône. Si elle a mené une vie libre à la cour d'Aquitaine, brillante et lettrée, la réalité qui l'attend au palais de la Cité à Paris est plus austère… Lorsque Louis VII part à Jérusalem pour la deuxième croisade, Aliénor l'accompagne. Mais, loin de la France, les relations se détériorent entre les deux époux, et la nullité du mariage est prononcée en 1152, ce qui est assez peu courant dans l'histoire de France ! Puis elle choisit elle-même son second mari, fait encore plus rare de la part d'une femme à cette époque, jetant son dévolu sur Henry II Plantagenêt, duc de Normandie, qui deviendra roi d'Angleterre en 1154. Avec son jeune époux – elle a onze ans de plus que lui –, volage mais remarquable chef de guerre, elle aura plusieurs enfants, dont Richard Cœur de Lion et Jean sans Terre. Mais lorsque la reine les monte contre leur père, Henry II la fait enfermer dans un château où elle restera ***prisonnière*** jusqu'à la mort du roi en 1189. Sa liberté retrouvée, elle s'éteindra en 1204, à l'âge vénérable de 82 ans, à l'abbaye de Fontevraud.

## Blanche de Castille

Une sacrée personnalité que Blanche de Castille, espagnole, mariée à 12 ans au futur Louis VIII ! En 1226, la voilà veuve, après avoir mis au monde nombre d'enfants. Si beaucoup sont morts, l'un d'eux, le futur Louis IX, a survécu. Blanche de Castille se retrouve régente, face à des féodaux qui ne rêvent que d'une chose, l'écarter du pouvoir… Les barons se liguent contre la reine et le dauphin, certains projetant même un enlèvement mais, dotée d'un ***caractère de fer***, Blanche tient bon. Monté sur le trône, Louis IX laisse volontiers les « clés » du royaume à sa mère, quand il part en croisade, par exemple. Elle continue alors à jouer un rôle politique important, maintenant l'ordre, empêchant la reprise des combats avec l'Angleterre, réunissant des fonds et rassemblant des hommes pour les croisades.

***Très croyante***, Blanche dépense des sommes colossales pour doter les abbayes du royaume, dont celle de Maubuisson, ou bien faire reconstruire la cathédrale de

Chartres. Belle-mère autoritaire, elle mène la vie dure à sa belle-fille, Marguerite de Provence, épouse aimante et payée de retour, ce qui n'est pas du tout du goût de Blanche, habituée à avoir de l'emprise sur son fils…

## Marguerite et Blanche

En ce début de XIVe siècle, Philippe le Bel semble au faîte de sa puissance. Il règne sur une France unifiée et gouverne en ***monarque absolu***. Mais Isabelle, sa fille, va mettre à terre ce bel édifice. Mariée à Édouard d'Angleterre, elle est malheureuse en amour car son époux lui préfère les hommes. Jalouse de Marguerite et de Blanche de Bourgogne, ses belles-sœurs, elle trouve une occasion de se venger : en 1314, elle raconte au roi que, lors d'un séjour à la cour, elle a vu des gentilshommes arborer fièrement des aumônières qu'elle avait offertes à ses belles-sœurs… Philippe le Bel diligente au plus vite une enquête. Il apprend que ses brus ont pour amants les frères Gautier et Philippe d'Aulnay. Il faut agir vite : la dynastie capétienne est menacée ! Arrêtés, soumis aux pires ***tortures***, les frères avouent tout. Ils sont jugés pour adultère et pour crime de lèse-majesté, condamnés à être écorchés vifs, écartelés, châtrés devant leur maîtresse puis décapités !

Quant à Marguerite et Blanche, elles sont rasées puis enfermées à Château-Gaillard. Entre-temps, en novembre 1314, Philippe le Bel meurt, et Louis X le Hutin monte sur le trône. Mais il est toujours l'époux de Marguerite, qui croupit dans sa geôle ! Et il ne peut pas divorcer car l'adultère n'est pas une cause suffisante aux yeux de l'Église. Il aimerait pourtant bien se remarier… La solution est toute trouvée : à la fin de l'hiver 1315, Marguerite est ***étranglée***, sans doute sur ordre de son époux ! À l'époque, on ne s'embarrassait pas de femmes encombrantes…

Et lorsqu'en 1322 Charles IV devient roi à son tour, Blanche est toujours ***enfermée*** dans le château-prison. Il la répudie et la fait envoyer à l'abbaye de Maubuisson, où elle meurt en 1326.

## Philippe le Bel et les Templiers

L'ordre des Templiers, présent dans toute l'Europe, a été créé en 1119. Composé de chevaliers, cet ordre religieux va rapidement s'enrichir et prendre du pouvoir : ces nobles, qui possèdent des propriétés foncières immenses, s'organisent en commanderies et combattent au Portugal et en Aragon contre les musulmans. Ils deviennent aussi les ***banquiers*** des rois, notamment de Philippe le Bel.

Mais ce souverain cupide, aux ambitions politiques démesurées, va se retourner contre les Templiers pour s'approprier leurs biens : le 13 octobre 1307, il lance une vaste opération de police dans le plus grand secret, les faisant arrêter dans toute la France ; en tout, 15 000 chevaliers vont connaître un sort épouvantable. Sous la torture, ils reconnaissant les graves crimes contre la foi dont ils sont accusés, et certains périssent sur le bûcher. Leur maître, ***Jacques de Molay***, se voit infliger sept ans de captivité, avant d'être brûlé vif à Paris en 1314. La légende rapporte qu'avant de rendre l'âme, il avait annoncé que le roi et le pape comparaîtraient dans l'année devant « le Tribunal de Dieu ». Et de fait, Clément V et Philippe le Bel moururent bien en 1314…

## Charles V et la première bibliothèque au Louvre

Vous qui aimez les livres, ayez une pensée pour Charles V, qui préférait le commerce des hommes de lettres à celui des capitaines de guerre, et qui est considéré comme le fondateur de la Bibliothèque royale. Pour donner à ses précieux ouvrages l'écrin qu'ils méritaient, il choisit en sa forteresse du Louvre la tour de la Fauconnerie (l'actuel pavillon Sully) qui prendra le nom de ***tour de la Librairie***. Le roi est le seul, avec ses proches et les membres de l'administration, à y avoir accès : elle rassemble romans, livres d'histoire, de piété, de poésie, récits de voyage, tels ceux de Marco Polo, ouvrages de science politique. Sur certains livres, il annote de sa main : « Ce livre est à moi, Charles. »

La Bibliothèque royale compte près de ***mille volumes***. Même si cette collection a été largement dispersée après la mort de Charles V en 1380, elle est à l'origine de la Bibliothèque nationale.

## Étienne Marcel

Connaissez-vous Étienne Marcel, ce bourgeois qui voulut devenir roi de Paris ? Prévôt des marchands, il appartient à une riche famille de drapiers. En 1356, Jean II le Bon, battu à la bataille de Poitiers, a été fait prisonnier et emmené en Angleterre où les Anglais exigent une forte ***rançon***. Pour la payer, il faut lever un impôt, mais Étienne Marcel s'y oppose. Face à lui, le dauphin, le futur Charles V, auquel il entend imposer sa volonté. Derrière lui, la bourgeoisie parisienne, qu'il a ralliée à sa cause. En février 1358, il envahit les appartements du dauphin au Louvre, assassine deux de ses conseillers tout en lui offrant sa protection.

Comprenant le danger, Charles parvient à quitter la capitale et à organiser son ***blocus***. Les milices parisiennes s'allient alors avec les jacques, des paysans qui, au nord du Bassin parisien, sont en rébellion (voir p. 123). En juillet 1358, Étienne Marcel commet l'erreur de trop : lorsqu'il décide de livrer Paris aux Anglais, les habitants se retournent contre lui ; le 31 juillet, il est assassiné par ses anciens alliés.

## Charles d'Orléans

Le temps a laissé son manteau/De vent, de froidure et de pluie,/Et s'est vêtu de broderie, /De soleil luisant, clair et beau. » Ces vers vous rappelleront peut-être des souvenirs ? Ils sont du duc Charles d'Orléans, petit-fils de Charles V, neveu de Charles VI et père de Louis XII, qui participa en 1415 à la bataille d'Azincourt, où il fut capturé par les Anglais. Comme personne ne voulait payer la rançon, il resta vingt-cinq ans ***prisonnier*** en Angleterre, où il commença à écrire des ballades et des chansons mélancoliques. À son retour en France en 1440 – une fois acquittée la rançon de 220 000 écus d'or –, il se retira dans son château de Blois dont il fit un centre de poésie. Fort de son expérience, il a célébré l'exil, la solitude, le temps envolé, des sentiments auxquels je suis très sensible…

## Jeanne la Pucelle

Rarement une héroïne de l'histoire de France aura autant enflammé les passions : fille d'un notable de Domrémy, dans la Meuse, Jeanne n'était aucunement la bergère que l'histoire s'est ingéniée à décrire.
Vous connaissez son parcours, attardons-nous plutôt sur son procès. Le 9 janvier 1431, Pierre Cauchon, évêque du diocèse de Beauvais, attaché aux Bourguignons (qui sont alliés aux Anglais), est désigné comme président du tribunal. Mais il n'a pas de chef d'accusation contre la Pucelle ; pour l'inculper, il lui faut des aveux : les interrogatoires se succèdent, en vain. Le 24 mai, en public, Jeanne abjure ses « erreurs ». Elle est pourtant accusée d'être superstitieuse, devineresse, idolâtre, invocatrice des démons, blasphématrice, hérétique… Pas moins de ***soixante-dix chefs d'accusation*** sont retenus contre elle !

Le 28 mai, elle revient sur son abjuration ; elle est alors déclarée ***relapse*** et condamnée à être brûlée vive. De toute façon, sa mort semblait jouée d'avance : ses accusateurs étaient du côté des Anglais, et peut-être Charles VII trouvait-il que cette guerrière inspirée lui faisait un peu trop d'ombre…

## Gilles de Rais

Voici l'un des personnages les plus sombres et les plus mystérieux du Moyen Âge. Né en 1404, au nord de la Loire, Gilles de Rais (ou de Retz) passe pour avoir inspiré le personnage de Barbe-Bleue à Charles Perrault. Plus connu pour ses horribles crimes d'enfants, il avait pourtant bien commencé dans la vie ! Durant la guerre de Cent Ans, il s'illustre aux côtés de Jeanne d'Arc. Puis, ayant hérité jeune d'une immense fortune, il se retire dans ses châteaux où il donne des fêtes somptueuses et mène grand train. Passionné d'alchimie, il cherche le moyen de fabriquer de l'or, mais sans succès. Il se tourne alors vers la ***sorcellerie*** et écrit des suppliques au Diable avec le sang des dizaines d'enfants qu'il a égorgés après avoir abusé d'eux. Arrêté en 1440, il est enfermé au château de Nantes : accusé de sodomie, sorcellerie et assassinat, il est pendu mais, privilège accordé aux nobles, son corps ne sera pas brûlé entièrement, afin de pouvoir être inhumé…

## Jacques Cœur

Vous avez sûrement entendu parler de Jacques Cœur et du splendide hôtel particulier, symbole de sa réussite, qu'il s'était fait construire à Bourges, sa ville natale ? Fils d'un riche marchand de la ville, il développe des ***relations commerciales*** avec les pays du Levant et en Europe, où il établit des comptoirs en Italie, en Espagne, à Bruges mais aussi à Lyon, Limoges, Avignon, etc. Banque, change, mines, métaux précieux, épices, industries drapières, il fait feu de tout bois, et ses navires parcourent sur toutes les mers du globe !

Nommé par Charles VII maître des monnaies, puis Grand argentier du roi, Jacques Cœur contribue à l'assainissement des finances. Il est également chargé de missions diplomatiques et finance la reconquête de la Normandie sur les Anglais. Mais il ne fait pas bon étaler sa réussite sous la monarchie ! À la cour, Jacques Cœur suscite les ***jalousies***. Charles VII finit par le faire arrêter pour malversations en 1441 et ordonne la confiscation de ses biens. Au bout de trois ans, le Grand argentier parvient à s'évader de sa prison et se réfugie auprès du pape. Il mourra en combattant les Ottomans en Méditerranée orientale.

## Agnès Sorel

Le roi Charles VII avait de nombreuses maîtresses. En 1443, une belle jeune femme d'une vingtaine d'années, Agnès Sorel – longs cheveux blonds, teint éclatant, gorge bien faite – devient la première favorite royale. Charles VII, qui a le double de son âge, s'arrange pour la faire entrer au service de sa femme, Marie d'Anjou, « laide à faire fuir les Anglais », disait-on ! La dame de Beauté (du nom du château de Beauté-sur-Marne à côté de Vincennes, que le roi lui a offert) est dotée d'une confortable rente annuelle, qui lui permet de s'offrir des parures précieuses et des toilettes luxueuses. Mais son pouvoir suscite la jalousie du dauphin Louis, le futur Louis XI, et de l'Église. En février 1450, elle succombe à une trop forte dose de ***mercure*** : crime ? Médicament pour soulager les femmes en couches ou les infections intestinales, dont souffrait la « dame de Beauté » ? Des chercheurs, qui se sont penchés sur son cas en 2004, opteraient plutôt pour la dernière hypothèse.

## la révolution Gutenberg

Originaire de Mayence, où il voit le jour vers 1400, Johannes Gutenberg, en mettant au point les caractères mobiles en plomb permettant une reproduction à l'infini, va opérer une véritable ***révolution*** : jusque-là, pour obtenir plusieurs exemplaires d'un même ouvrage, il fallait le recopier à la main, ce qui nécessitait beaucoup de temps et… d'argent, car le parchemin coûtait cher ! Gutenberg est tenu pour le père de la typographie moderne. Pourtant, on ne peut pas dire qu'il a « inventé » l'imprimerie, mais qu'il a redécouvert et perfectionné une technique qui existait déjà sous d'autres formes : la xylographie (gravure sur bois), apparue en Chine, en Corée et au Japon au VIIe siècle, et la métallographie (gravure sur métal), qui avait vu le jour en Corée au XIIIe siècle.

Sa Bible latine à quarante-deux lignes, imprimée entre 1452 et 1456, est considérée comme le ***premier livre*** imprimé. Sur un tirage estimé à cent quatre-vingts exemplaires, il n'en subsiste aujourd'hui que quarante-huit dans le monde, dont cinq en France…

## Louis XI

La lutte acharnée que Louis XI mena contre son cousin Charles le Téméraire, duc de Bourgogne, domaine qui constitue un véritable État dans l'État, est restée dans toutes les mémoires, et j'espère aussi dans la vôtre ! Patience, calcul et ruse, tels sont les moyens mis en place par Louis XI, un souverain qui n'inspire pas la sympathie ! Fin animal politique, il a pour adage « la fin justifie les moyens » et sait manier l'art des alliances stratégiques, le double langage et la ***division pour mieux régner***, ce qui lui valut d'être surnommé l'« universelle aragne » (araignée) par son historiographe Commynes.

La haute noblesse s'est alliée à Charles le Téméraire pour former la Ligue du Bien public visant à s'emparer du trône de France. Traversée par les grandes routes commerciales, la Bourgogne est fort riche et le duc ne rêve que d'agrandir ses territoires. Louis XI et Charles le Téméraire s'affrontent à plusieurs reprises, comme à Montlhéry, bataille perdue par le roi : il doit signer un ***traité humiliant*** qu'il n'appliquera pas. Il décide alors de fomenter des révoltes contre le duc dans les grandes villes qui appartiennent à la Bourgogne tout en demandant une entrevue à son cousin à Péronne en 1468. Celui-ci, apprenant la trahison de Louis XI, le fait emprisonner et exige un nouveau traité avec restitution des places conquises par le roi. Encore une fois, Louis XI fait mine d'accepter mais en sous-main négocie la paix avec les alliés du duc de Bourgogne : en janvier 1477, en tentant de reprendre Nancy, Charles le Téméraire connaît une fin tragique sous les murs de la ville. La Bourgogne, démembrée, tombe enfin dans l'escarcelle du roi de France…

## Jeanne de France

Louis XI s'inquiète des ambitions de son cousin Louis, fils du poète Charles d'Orléans : si son fils venait à mourir prématurément, Louis deviendrait roi. Il l'oblige donc à épouser sa propre fille, Jeanne de France, née en 1464, infirme, boiteuse et difforme, qui a été élevée à l'écart de la cour au château de Lignères, dans le Berry.

En 1483, la mort de Louis XI fait de son fils de treize ans, Charles VIII, le nouveau roi de France. Mais celui-ci décède accidentellement, et comme il n'a pas d'héritier direct, Louis d'Orléans monte sur le trône sous le nom de Louis XII. Il s'empresse de solliciter du pape l'annulation de son mariage, car il souhaite épouser Anne de Bretagne. Le 10 août 1498, Jeanne comparaît devant la cour pontificale réunie à Saint-Gatien de Tours, où Louis donne comme argument que le mariage n'a pas été consommé. Jeanne, elle, soutient le contraire, mais refuse un examen médical. Le serment d'un « roi sacré » étant une preuve en soi, le tribunal prononce la nullité de leur union en décembre. Ayant reçu le Berry en apanage ainsi qu'une forte pension, Jeanne s'y retire et mène une vie tournée vers la spiritualité, créant des écoles, des hôpitaux et devenant ***très populaire***. En 1501, elle fonde l'ordre franciscain de l'Annonciade et prend le voile deux ans plus tard. Béatifiée en 1742 par Benoît XIV, elle sera canonisée en… 1950 par le pape Pie XII, devenant ainsi sainte Jeanne de France.

# La Renaissance

## François I^er^ et Chambord

Êtes-vous déjà monté sur le toit du château de Chambord, au milieu de sa forêt de cheminées ? Je peux vous assurer que c'est magique ! En 1519, François Ier, conquis par la Renaissance italienne, décide de faire construire en Val-de-Loire une luxueuse demeure de 440 pièces (!), manifeste à la gloire du pouvoir royal. Si le nom de l'architecte est inconnu, l'influence de Léonard de Vinci y est perceptible, en particulier dans l'agencement du célèbre escalier à double révolution.

Lancé en 1519, le chantier, qui emploie jusqu'à 1 800 ouvriers, avance lentement ; à la mort du roi en 1547, il n'est pas encore terminé. Le château est en tuffeau, une pierre blanche, tendre et friable, extraite des carrières de la région : on en a utilisé près de 220 000 tonnes. Sur les toits s'élèvent ***365 cheminées et lanternons***, incrustés de délicats losanges d'ardoise, une idée empruntée à l'Italie du Nord. Emblème du roi, la salamandre orne les caissons des voûtes et les boiseries des portes. On reconnaît aussi le « F » de François Ier et la cordelette nouée, symbole de Louise de Savoie, la mère du roi. Un roi qui honora bien peu ce château de sa présence : au cours d'un règne de trente-deux ans, il n'y passa qu'une quarantaine de jours !

## la reine Claude

Son époux était flamboyant, bel homme, amateur de femmes et de guerres. Claude de France, femme de François Ier, petite et boiteuse, était, elle, plutôt du genre effacée et soumise. Mais elle possédait aux yeux du roi une qualité unique : fille aînée de Louis XII et d'Anne de Bretagne, elle avait hérité du duché de Bretagne, qui allait revenir à la France… ! François voulait aussi autre chose : des enfants. Entre août 1515 et juin 1523, Claude lui en donna sept, et parmi eux, le futur Henri II. Elle mourut l'année suivante, épuisée par ses grossesses.
Très appréciée de ses sujets pour ses qualités de cœur, « ***la bonne reine*** » a laissé son nom à une variété de prunes… C'est toujours ça, me direz-vous, car sinon, qui se souviendrait encore d'elle ?

## Diane de Poitiers

Diane de Poitiers, elle, était née sous une bonne étoile en 1499. En 1523, elle devient dame d'honneur à la cour : François Ier la remarque et en fait sa maîtresse. Trois ans plus tard, les enfants royaux Henri et François sont emmenés en captivité en Espagne en échange de leur père : fait prisonnier à Pavie en 1525 par Charles Quint, celui-ci n'a été libéré que contre ses deux fils qui resteront quatre ans en ***otage***, jusqu'au paiement d'une énorme rançon. Lorsque le futur Henri II regagne la cour, Diane de Poitiers, de vingt ans son aînée, veille sur lui. Son rôle est de rendre l'insouciance à cet enfant traumatisé…

Sans doute en 1536, elle devient officiellement sa maîtresse. Son influence s'accroît, au point qu'elle s'allie aux opposants à François Ier. Une ***erreur*** de sa part qui lui vaudra disgrâce et renvoi de la cour. Il faudra attendre 1547, date de la mort de François Ier et de l'avènement d'Henri II, pour que Diane fasse son retour en beauté : Henri II porte ses couleurs, lui offre le château de Chenonceau, les bijoux royaux, et la nomme duchesse de Valentinois. Elle est même chargée de s'occuper des enfants du roi et de Catherine de Médicis, l'épouse légitime… Malgré son âge, elle conserve une beauté exceptionnelle, vantée par les observateurs de l'époque.

## Ambroise Paré

Né en 1519, Ambroise Paré fait son apprentissage à l'Hôtel-Dieu de Paris, où il perfectionne ses notions d'anatomie. En 1536, il est reçu barbier-chirurgien.

Chirurgien des armées françaises pendant les campagnes d'Italie, il acquiert une grande expérience sur les champs de bataille. En réfléchissant sur les blessures par balle, il comprend que cautériser les plaies avec de l'huile bouillante est une technique à abandonner : on procédait ainsi car on pensait que la poudre des armes à feu risquait d'empoisonner les blessés.

Une autre de ses innovations est la ligature des vaisseaux sanguins pour stopper l'hémorragie en cas d'amputation : il met au point un instrument pour ***obturer les vaisseaux***, le bec-de-corbin, premier modèle de pince homéostatique. Mais il ignore encore comment venir à bout des microbes et des infections qui déciment tant d'hommes.

## la mort d'Henri II

Nous sommes en 1559, sous le règne d'Henri II. La paix du Cateau-Cambrésis vient d'être ratifiée en avril, mettant fin à la guerre entre la France d'un côté, l'Espagne et l'Angleterre de l'autre. Pour le mariage de la fille du roi de France à Philippe II d'Espagne, des fêtes sont organisées à l'Hôtel des Tournelles à Paris, précédées d'un tournoi de chevalerie. Henri II, grand amateur de ce sport, y participe et gagne les deux premiers duels ; son troisième adversaire est Gabriel de Montgomery, fils du capitaine des gardes écossais, grand et fort. Le premier combat se terminant sans vainqueur ni vaincu, le roi souhaite prendre sa ***revanche***. Mais, alors que les cavaliers s'élancent l'un contre l'autre, la lance cassée de Montgomery lors du précédent combat soulève la visière du roi et lui transperce l'œil. On fait venir des chirurgiens, dont Ambroise Paré, qui tentent de reproduire la blessure du roi sur des têtes de condamnés à mort afin de voir comment ils peuvent l'opérer. Mais un abcès finit par se former et, au matin du 4 juillet 1559, Henri II est pris d'une forte fièvre et de violentes douleurs. Il expire le 10 juillet après douze ans de règne en murmurant : « Que mon peuple persiste et demeure ferme en la foi en laquelle je meurs. »

## la reine Margot

Il ne fait pas bon parfois être trop libre… Fille d'Henri II et de Catherine de Médicis, ***Marguerite de Valois***, appelée Margot, est mariée en 1572 à Henri de Navarre, futur Henri IV, dans le but de réconcilier catholiques et protestants. Elle tient une cour brillante à Nérac, en Lot-et-Garonne, où Henri de Navarre attend son heure… Mais leur union n'est pas heureuse, chacun multipliant les aventures galantes. En 1583, revenue à Paris, Margot est chassée de la cour par son frère Henri III pour ses intrigues avec la Ligue et son inconduite notoire.

Trois ans plus tard, il décide de la faire enfermer au château d'Usson, forteresse royale redoutable au cœur du Massif central, où elle va rester cloîtrée pendant près de vingt ans… Là, Margot reçoit beaucoup, compose des poèmes et ses *Mémoires.* En 1599, Henri IV obtient l'annulation de leur mariage mais ne consent à libérer la belle qu'en 1605…

Si vous passez par Usson, ne cherchez pas le château : il fut démoli sur ordre de Richelieu. Mais une plaque de lave à l'entrée du village évoque « […] la romanesque Margot victime de la jalousie maladive d'hommes trop lourds des convenances du monde ».

## Marie Stuart, reine éphémère

Certaines n'ont vraiment pas de chance ! Prenez Marie Stuart, fille d'une Française, Marie de Guise, et de Jacques V d'Écosse, qui devient reine à six jours, après la mort de son père. Pour la protéger des Anglais, sa mère l'envoie en France à l'âge de six ans car elle doit être mariée au dauphin. Élevée à la cour, où elle reçoit une éducation raffinée, elle épouse le futur François II en 1558. Mais le jeune roi à la santé défaillante disparaît prématurément en 1560, et Marie est priée de regagner l'Écosse. Comble de malheur, elle est ***catholique*** et entend bien le rester, dans une Écosse et une Angleterre converties au protestantisme.

Après s'être unie à son cousin Henry Stuart, qui se révèle brutal, joueur et volage, elle met au monde un fils, Jacques VI : en 1567, après divers scandales, elle est contrainte d'abdiquer en faveur de ce dernier et se réfugie en Angleterre chez sa rivale Élisabeth Ire. Celle-ci, craignant que sa présence ne ravive les espoirs des catholiques anglais, la maintient en captivité pendant vingt ans avant de la faire ***condamner à mort*** pour complot ! En février 1587, à dix heures du matin au château de Fotheringhay, la hache s'abat par trois fois sur le cou de Marie, première reine de France à être décapitée… Quel terrible destin !

## Catherine de Médicis et la gastronomie

Je ne ferai pas l'injure à Catherine de Médicis d'oublier qu'elle fut une femme de pouvoir et de caractère, et une reine qui a compté en politique. Mais je préférerais ici évoquer son amour de la bonne chère. Non contente d'avoir fait adopter en France un certain nombre de légumes, elle était réputée pour son amour des glaces… italiennes, bien entendu ! On lui doit d'ailleurs la mode des glacières, qui ornaient les meilleures tables. Elle adorait les desserts, et en a introduit un certain nombre en France : grâce à elle, on mange du gâteau de riz, du massepain, de la pâte d'amandes, et on sait fabriquer la pâte à choux. Quant à la ***confiture***, popularisée par les Vénitiens, c'est bien simple, elle en raffolait ! Des quantités pantagruéliques de toutes ces douceurs étaient servies lors des festins et collations à la cour.

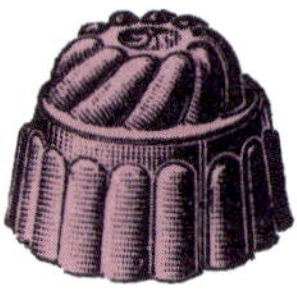

## Mathurin Cordier

Professeur au collège de Navarre à Paris, où il enseigne à un certain Jean Calvin, Mathurin Cordier se désole (déjà !) du niveau de ses élèves. Originaire de Normandie, ce théologien est aussi grammairien. Converti au protestantisme, il est obligé de se réfugier en Suisse en 1536. En 1560, quatre ans avant sa mort, il publie un manuel de savoir-vivre à l'usage de la jeunesse, qui connaît un ***immense succès*** et sera réédité à plusieurs reprises.

La *Civilité puérile* (du latin *puer*, enfant) recense un certain nombre de règles à respecter pour se comporter en société et se distinguer du peuple. On y apprend comment se tenir à table, bien droit, sans remuer les jambes et sans s'essuyer les mains à la nappe. Il est également recommandé de ne pas cracher, ne pas tousser ou, si on est obligé de le faire, de tourner la tête de côté, etc. Des préceptes qui nous semblent évidents aujourd'hui, mais qui tranchaient sur les mœurs de l'époque, et qui allaient dans le sens de la morale prônée par l'humanisme…

## Ravaillac

Le « bon roi Henri » a déjà échappé à dix-sept tentatives d'assassinat, fomentées par des catholiques fanatiques. En ce 14 mai 1610, il fait chaud à Paris. Le roi, qui veut rendre visite à son ministre Sully, ordonne de prendre un carrosse ouvert. Le cortège s'engage dans la rue de la Ferronnerie, dans le Marais, où la cohue est dense. Profitant du désordre, un nommé François Ravaillac plonge à l'intérieur du carrosse et plante à trois reprises un poignard dans la poitrine du souverain. Ce dernier s'effondre, mortellement touché. Complot, a-t-on dit ? Il est acquis aujourd'hui que l'assassin a agi seul.

Né en 1578, Ravaillac a eu une enfance misérable. Valet de chambre, maître d'école, frère convers chez les Feuillants, il a sans doute subi l'influence des ligueurs. Après le meurtre, il parle de Dieu, les yeux tournés vers le ciel. Ses bourreaux veulent lui faire avouer le nom de ses commanditaires : Ravaillac est donc ***longuement torturé*** mais ils n'obtiendront rien de plus, car il maintient ses dires. Il est condamné à mort le 27 mai 1610 et écartelé en place de Grève. Puis, selon la coutume peu ragoûtante de l'époque, les morceaux de son cadavre sont emportés pour être brûlés par le peuple…

# Vers la monarchie absolue

## les Concini

Après la mort d'Henri IV en 1610, Marie de Médicis, son épouse, devient régente, mais elle doit faire face au réveil des ***grands féodaux*** (les Guise, Bourbon-Condé, Montmorency, Épernon). Profitant de son inexpérience, ils veulent accaparer charges et pensions, et investir les lieux de pouvoir : ils siègent ainsi au Conseil du roi, où ils s'emploient à contrer les anciens ministres d'Henri IV ; Sully finit d'ailleurs par donner sa démission en 1611.

En 1614, Louis XIII, ayant atteint l'âge de treize ans, peut prétendre à exercer le pouvoir. Mais, soumis à sa mère, il accepte de la nommer chef de son Conseil. Or, celle-ci est sous la coupe de Leonora Galigaï, sa coiffeuse (!), et de son époux, ***Concini***, courtisan florentin. Leonora ne cesse d'exiger des charges de plus en plus lucratives pour son mari… Conseil d'État, maréchalat de France, rien n'est trop beau pour Concini, qui se montre méprisant et arrogant envers le roi. Et Marie ne veut toujours pas se retirer ! Le 24 avril 1617, Louis XIII ordonne l'exécution de Concini, détesté du peuple. S'ensuivent des années de guerre entre la mère (à la tête des Grands du royaume) et le fils.

## Louis XIII, danseur talentueux

Savez-vous que Louis XIII, qui appréciait beaucoup l'équitation, la chasse et la fauconnerie, avait une grande inclination pour les arts ? Il aimait chanter, jouer et composa même quelques morceaux de musique. Tout jeune, il avait à son service deux joueurs d'instruments, un luthiste et un violoniste, auxquels il réclamait souvent de la musique et des airs à danser. Parmi ses activités préférées figuraient les ballets – le roi était un danseur émérite doublé d'un ***chorégraphe*** –, qu'il donnait au Louvre. La première adaptation en France de la *Délivrance de Renaud*, inspiré du Tasse, fut *Le Ballet du Roy* dansé par Louis XIII, alors âgé de quinze ans, et ses courtisans en 1617. Il y apparaissait sous l'habit d'un Esprit enflammé. En 1625, il était travesti en vaillant combattant dans *Le Ballet des fées des forêts de Saint-Germain*, ballet en cinq actes et vingt-six entrées…

## Théophraste Renaudot

Médecin et journaliste à la fois, tel se présente Théophraste Renaudot, né en 1586 dans la cité huguenote de Loudun. En plus de ses études classiques, ce brillant élève désire apprendre la médecine. Ses grandes qualités lui vaudront d'être appelé à la cour pour devenir médecin du Roi. Il est le premier à ouvrir un service de soins médicaux gratuits. À son arrivée à Paris, Renaudot est surpris du nombre de feuilles volantes, imprimées souvent en cachette, qui se vendent sous le manteau. Protégé par Richelieu, il va bénéficier d'un brevet qui lui donne droit d'imprimer. Il fonde, en 1631, la célèbre *Gazette*, où écrivent Louis XIII et le cardinal, et qui devient la voix officielle du royaume, outil de ***propagande*** et d'information cherchant à rectifier les rumeurs, une orientation dont Renaudot n'était pas dupe – « Ma plume n'a été que greffière » – et qui lui vaudra bien des critiques. À Loudun, un musée est consacré à ce personnage original et en avance sur son temps.

## Richelieu et l'Académie française

Si vous aimez les mots et la langue, la création de l'Académie française représente un moment important de la vie intellectuelle. Vers 1626, un cercle d'amateurs de littérature, qui se réunit chez Valentin Conrart, secrétaire de Louis XIII, passionné par la langue française, se constitue en comité. L'un d'entre eux, Boisrobert, parle de ce cénacle à Richelieu, qui comprend vite le parti que le roi va pouvoir tirer de gens de lettres sous sa dépendance. Leur offrant sa protection, il leur propose de se regrouper sous le label d'Académie française. L'assemblée tient sa première séance le 13 mars 1634 et, l'année suivante, un décret royal lui confère un ***statut officiel***, avec pour mission de veiller sur la langue française, de la discipliner, d'en définir les règles. Richelieu voit dans l'Académie française un moyen de domination politique, le français ayant une action centralisatrice dans un pays où le patois est couramment parlé dans les régions. C'est encore une façon d'asseoir la propagande d'État : l'Académie devra trancher, par exemple, en 1637, à propos de la célèbre querelle du *Cid*, de Corneille, pièce à laquelle certains reprochent d'enfreindre les règles classiques…

## Marie Mancini

On attribue au Roi-Soleil un grand nombre de maîtresses, mais sauriez-vous nommer son premier amour ? Elle avait pour nom Marie, était la nièce de Mazarin et était romaine… Dans les années 1650, Mazarin, devenu Premier ministre, fait venir à Paris dix de ses neveux et nièces afin d'affirmer son poids politique. Cultivée, intelligente et spirituelle, ***Marie Mancini*** attire vite l'attention de Louis lors des fêtes de la cour. Elle a dix-neuf ans, lui vingt, et leurs cœurs s'enflamment.

Louis Dieudonné demande la main de sa nièce au cardinal, qui refuse d'affronter la colère de la reine mère, Anne d'Autriche. Pour déjouer les plans de Marie, Mazarin engage les préliminaires d'un traité de paix entre la France et l'Espagne, qui stipule notamment comme clause imprescriptible le mariage entre Louis XIV et l'infante Marie-Thérèse d'Autriche ! Louis, désespéré, est obligé de s'incliner devant la raison d'État, et la malheureuse est sacrifiée !

## Pascal et le jansénisme

Avez-vous entendu parler du Hollandais Jansenius, évêque d'Ypres et auteur de l'*Augustinus* ? Il a donné naissance à la théorie du jansénisme, qui soulève la question de la grâce et de la prédestination, et décrit l'homme comme corrompu par le péché originel et seul face à Dieu. S'opposant aux jésuites, qui défendent la soumission au pape, les jansénistes répandent les théories de Jansenius au sein des petites Écoles de l'abbaye de Port-Royal, qui a notamment pour élève le futur dramaturge Jean Racine. En 1653, le pape condamne les thèses jansénistes, tandis que ***Blaise Pascal***, dans *Les Provinciales*, les défend avec ardeur… Mais Louis XIV, sous l'influence de son confesseur jésuite, le père de La Chaise, et de Madame de Maintenon, fustige l'indépendance d'esprit de Port-Royal qui ose critiquer son absolutisme… Il y envoie l'archevêque Hardouin de Péréfixe, chargée de faire signer aux religieuses une bulle condamnant le jansénisme. Comme elles refusent, Louis XIV applique la méthode forte : les religieuses sont dispersées, l'abbaye de Port-Royal rasée, et le jansénisme disparaît du paysage !

## Nicolas de La Reynie

Mars 1667 marque l'acte de naissance de la police officielle en France. À sa tête, Louis XIV place un conseiller d'État, Nicolas de La Reynie. Pendant des siècles, le royaume a été régi selon deux axiomes : pas de police ou trop de police. Les grandes villes, insalubres, sont de vrais ***coupe-gorge***, et plus encore Paris, où des carrosses sont attaqués, des passants rançonnés, des meurtres régulièrement commis. Le paroxysme est atteint en en 1665, quand un des plus hauts magistrats du Châtelet, le lieutenant Tardieu et sa femme, sont tués en plein jour dans leur hôtel particulier du quai des Orfèvres.

Un édit est alors promulgué, par lequel la première des tâches confiées au lieutenant de police est d'assurer la sécurité ! Lutter contre la délinquance, contrôler les cabarets, surveiller les maisons de jeu, organiser les secours en cas d'incendie ou d'inondation, débarrasser la ville de ses ordures, assurer l'approvisionnement en denrées de première nécessité, Gabriel Nicolas de La Reynie, choisi par Colbert, aura fort à faire. Il s'acquitte pourtant si bien de sa tâche qu'il l'exercera pendant trente ans !

## la princesse Palatine

Dans ma jeunesse, une de mes tantes, férue d'histoire, m'avait fait lire les *Lettres de la princesse Palatine*. Depuis, je n'ai jamais oublié ce nom que je trouvais très poétique… Et j'ai cherché à en savoir plus : seconde épouse de Philippe d'Orléans, dit Monsieur, frère de Louis XIV, Charlotte-Élisabeth de Bavière, princesse Palatine, fut élevée à la cour de Heidelberg, avant de devenir une fine observatrice des us et coutumes de Versailles. Personnage au physique et à l'appétit plantureux, elle était aussi réputée pour son ***franc-parler***, qui s'exprime dans sa correspondance. Car la princesse écrit. Beaucoup. Elle exagère parfois, se révélant mauvaise langue, elle use aussi de propos très crus mais, le plus souvent, son jugement sur cette cour dont elle déteste l'étiquette et la dépravation est d'une grande justesse ! Hyacinthe Rigaud a laissé un portrait imposant de la princesse Palatine, que l'on peut voir au château de Versailles.

# De Louis XV à la fin de la Révolution

## Louis XV séducteur

Parmi les rois de France, Louis XV est sans doute l'un de ceux qui compta le plus d'aventures, manifestant un appétit sexuel insatiable. Ses favorites les plus célèbres furent Jeanne Poisson, marquise de Pompadour, et Jeanne Bécu, comtesse du Barry. La première, avec laquelle il resta ami même après la fin de leur liaison, avait l'habitude de rechercher des « petites maîtresses », de toutes jeunes filles qui avaient été parfois enlevées pour le seul plaisir du roi… Si elles étaient logées dans une maison ***discrète*** d'un quartier de Versailles nommé le Parc-aux-Cerfs, les rencontres avec Louis XV avaient lieu au château. Quand une pensionnaire tombait enceinte, elle était mariée à un membre de la Maison du roi qui endossait la paternité, tandis qu'une nouvelle recrue venait la remplacer…

## Philippe d'Orléans

Régent de France, neveu de Louis XIV et en même temps son gendre – il a épousé une des filles illégitimes que le roi a eue avec Madame de Montespan –, ***Philippe d'Orléans*** traîne une réputation de noceur. Est-elle justifiée ? Elle ne dévoile qu'une partie de la personnalité de cet amateur d'art, de musique et de sciences, qui avait réuni une inestimable collection. Le Régent était aussi réputé pour son éloquence naturelle, et Saint-Simon le décrit comme « naturellement bon, humain, compatissant ». Toutefois, sa mère, la princesse Palatine, s'inquiète dans ses *Lettres* : « Mon fils […] couche volontiers avec toutes les femmes. Il n'est pas difficile à cet égard : pourvu qu'elles soient de bonne humeur, bien effrontées et qu'elles boivent et mangent beaucoup, il s'inquiète peu de leur figure. »

Le Régent organise de « petits soupers » avec ses « roués », gentilshommes libertins comme lui, mais aussi avec ses « rouées », dames aux mœurs légères qui se partagent sa couche. Dans *Que la fête commence*, film passionnant de Bertrand Tavernier, Philippe Noiret incarne ce Régent amateur de plaisirs, donnant de lui l'image d'un personnage beaucoup plus complexe qu'il n'y paraît.

## Julie de Lespinasse tient salon

Au XVIIIe siècle se développent les salons, où l'on pratique « l'esprit de conversation », dont Montesquieu disait : « Il consiste en un dialogue ordinairement gai, dans lequel chacun, sans s'écouter beaucoup, parle et répond, et où tout se traite d'une manière coupée, prompte et vive. » Véritable ***divertissement***, la conversation s'accompagne d'autres activités : on fait de la musique, on joue aux cartes, on entend des lectures, on prend le café, on boit du chocolat, etc. Parmi les salons les plus célèbres figurent celui de Madame du Deffand, qui recevait Fontenelle, Montesquieu, Marivaux, d'Alembert, etc. qu'elle présentait aux gens du monde et aux politiciens. Elle eut comme demoiselle de compagnie Julie de Lespinasse qui, tirant les leçons que lui avait enseignées sa maîtresse, créa son propre salon, entraînant dans son sillage la plupart des hôtes de Madame du Deffand… Il s'ensuivit entre les deux femmes une brouille retentissante, qui alimenta la vie mondaine parisienne… Âme sensible, à la recherche de l'amour-passion, Julie de Lespinasse est un des personnages du *Rêve de d'Alembert*, de Diderot.

## Diderot et l'*Encyclopédie*

La première encyclopédie française, somme des connaissances de l'époque dans tous les domaines, fut mise au point et publiée entre 1751 et 1772 par deux grands philosophes, Diderot et d'Alembert. À l'article « Encyclopédie », Diderot a défini ce qu'il entendait par ce terme : « Le but d'une encyclopédie est de rassembler les connaissances éparses sur la surface de la terre ; d'en exposer le système général aux hommes avec qui nous vivons, et de la transmettre aux hommes qui viendront après nous ; [...] Il s'agit de relier sujets et disciplines, de manière à mettre chacun à même d'en prendre possession et de les exploiter pour son progrès moral et matériel [...]. » Cette formidable entreprise incarne l'esprit du siècle des Lumières, mouvement intellectuel qui préconise la communication du savoir, un entraînement à la ***pensée rationnelle***, et qui applique aux disciplines morales et historiques la méthode scientifique. Parmi les collaborateurs de l'*Encyclopédie*, on comptait les esprits les plus éclairés de l'époque, tels Montesquieu ou Voltaire.

# Parmentier et la pomme de terre

Connue par les peuples de la cordillère des Andes depuis près de 3 000 ans, la pomme de terre gagne l'Europe dans les bateaux des conquistadors espagnols au XVIe siècle. En France, l'agronome Olivier de Serres la décrit en 1600 sous le nom de cartoufle. Mais on se méfie de ce tubercule, certains prétendants qu'il donne la ***lèpre*** ; il sert avant tout à nourrir les cochons. Or, vers la fin de XVIIIe siècle, les famines, provoquées par les mauvaises récoltes, alliées à la flambée du prix du pain, conduisent à chercher des solutions de substitution. En 1773, un apothicaire nommé Parmentier propose de consommer la pomme de terre, dont il a découvert les vertus nutritives quand il était prisonnier en Allemagne pendant la guerre de Sept Ans. Fort de l'appui de Louis XVI, connu pour sa curiosité scientifique, il fait pousser le précieux tubercule dans la plaine des Sablons, à Neuilly. En 1788, il offre un dîner de gala, présidé par les souverains, où tous les plats sont confectionnés à base de pomme de terre. Avec ce nouvel aliment, l'apothicaire a gagné son pari, même s'il faudra encore un demi-siècle pour qu'il entre réellement dans les mœurs…

## Rose Bertin

Sans doute le savez-vous, Marie-Antoinette avait une passion pour les toilettes – comme on la comprend ! Modiste – l'équivalent d'une couturière d'aujourd'hui –, Rose Bertin tient une boutique à l'enseigne Le Grand Mogol à Paris, où s'habillent les actrices entretenues, les jolies femmes de la cour et les grandes bourgeoises. La reine est d'emblée fascinée par les modèles de Mademoiselle Bertin, dont elle va faire son « ministre de mode ». Tous les matins, la première femme de chambre apporte à la reine un livre où sont fixés les échantillons de tissu… La modiste invente aussi des ***coiffures extravagantes*** que vous avez peut-être vues sur des gravures de l'époque. Marie-Antoinette prend l'habitude de la recevoir régulièrement, comme le montre le beau film de Benoît Jacquot, *Les Adieux à la reine* (2012).

## Madame Royale

Fille aînée de Louis XVI et de Marie-Antoinette, Marie Thérèse, dite ***Madame Royale***, est louée pour sa beauté et son intelligence. Elle a aussi du caractère, une force qui lui permettra de faire face aux souffrances qui l'attendent… Enfermée au Temple, elle doit, après avoir vu partir son père et son frère, se résoudre à perdre sa mère : dans la nuit du 2 août 1793, Marie-Antoinette est conduite à la Conciergerie. Ne reste que sa tante, Madame Élisabeth, mais la surveillance se renforce encore, fouilles et perquisitions se multipliant. Et puis, le 9 mai 1794, la dernière personne que côtoyait Madame Royale lui est arrachée ; elle sera exécutée le lendemain. Seule la religion empêche Marie-Thérèse de perdre la raison. Pour préserver son équilibre, elle suit à la lettre les conseils de sa tante : employer les heures de la journée selon un ordre précis, ménage, prière, lecture, travail, exercice. Après la mort de son frère, le 8 juin 1795, il est recommandé de condamner Madame Royale à l'exil. La jeune femme et les autres Bourbons encore retenus en France sont échangés contre des prisonniers républicains prisonniers en Autriche : le 18 décembre 1795, les portes du Temple s'ouvrent enfin ! Le 26 décembre, elle quitte le sol français pour Vienne, où elle épouse en 1799 un de ses cousins germains, le duc d'Angoulême. Elle reviendra en France en 1814.

À l'avènement de Louis-Philippe, qui avait voté la mort de Louis XVI, son nouvel exil est définitif ; elle mourra d'une pneumonie en 1851 près de Vienne, sans avoir jamais cessé d'être royaliste !

## Louis Sébastien Mercier

Connaissez-vous *Le Tableau de Paris*, qui dresse un extraordinaire panorama de la vie quotidienne dans la capitale au XVIIIe siècle ? Quelques années avant la Révolution, ***Louis Sébastien Mercier***, journaliste, écrivain, arpente les rues de Paris, s'arrête devant les boutiques, écoute les cris des vendeurs ambulants, observe les habitants. Il note la misère, la prostitution, les manières bien rôdées des dépouilleuses d'enfants, qui « s'emparent du bon drap, de la soie, des boucles d'argent [des enfants riches], et y substituent une souquenille grossière ».

Il dénonce la brutalité des charretiers, décrit la saleté et l'***encombrement*** des rues : « C'est un spectacle curieux que de voir tout à son aise, du haut d'un balcon, le nombre et la diversité des voitures qui se croisent et s'arrêtent mutuellement ; les piétons qui, semblables à des oiseaux effrayés sous le fusil du chasseur, se glissent à travers les roues de tous ces chars prêts à les écraser. L'un, qui franchit le ruisseau de peur de s'éclabousser, et qui, manquant l'équilibre [*sic*], se couvre de boue des pieds à la tête ; l'autre, qui pirouette en sens contraire, une face dépoudrée, et le parasol [parapluie] sous le bras. »

## Robespierre et la peine de mort

On peut parfois changer d'avis au cours de sa carrière… Maximilien de Robespierre est un député ambitieux qui, loin de croire à une monarchie constitutionnelle, préconise un changement complet de société. Il a fait ses classes au sein de l'Assemblée constituante puis au club des Jacobins. Mais le plus extraordinaire est que cet homme, qui sera un des acteurs principaux de la Terreur, était un ***adversaire*** résolu de la peine de mort : juge dans sa jeunesse, il avait été amené à condamner à mort un assassin, une épreuve qui l'avait marqué. Voici des extraits de son fameux discours, prononcé le 30 mai 1791 à l'Assemblée constituante : « Écoutez la voix de la justice et de la raison ; elle vous crie que les jugements humains ne sont jamais assez certains pour que la société puisse donner la mort à un homme condamné par d'autres hommes sujets à l'erreur. […] Je conclus à ce que la peine de mort soit abrogée. » Deux ans plus tard, Robespierre se fait l'ardent défenseur de la guillotine, sous la lame de laquelle il mourra d'ailleurs, le 28 juillet 1794…

## Louis XVII, énigme résolue

Rien ne me touche plus que les histoires concernant les enfants. Second fils de Louis XVI et de Marie-Antoinette, Louis Charles devient dauphin à la mort de son frère aîné. Enfermé au Temple avec sa famille, il est déclaré roi de France après l'exécution de son père en janvier 1793. Retiré alors à sa mère, il est placé sous la garde du cordonnier Simon, et laissé dans un état d'abandon total. Il faut l'imaginer mal nourri, maintenu dans des conditions d'hygiène effroyables, mourant seul, de tuberculose osseuse, le 8 juin 1795 ! Commence alors un siècle de batailles et de suppositions, avec des centaines de livres consacrés à l'affaire, dont beaucoup affirment que l'enfant a survécu, et qui identifient pas moins de ***quarante-trois faux dauphins*** !

Les choses s'apaisent enfin le 8 juin 2004, date anniversaire de la mort de Louis XVII, en la basilique Saint-Denis, nécropole royale. Ce jour-là, un garçon de treize ans, Amaury de Bourbon-Parme, transporte jusqu'à l'autel le cœur calcifié de « l'enfant du Temple » : il a fallu des analyses ADN de cheveux de Marie-Antoinette pour prouver que ce cœur était bien celui de Louis XVII… L'urne de cristal contenant le ***précieux organe*** est ensuite déposée officiellement par le Mémorial de France dans la crypte des Bourbons, sous un médaillon représentant le dauphin martyr.

# De Bonaparte à Napoléon Ier

## Toussaint Louverture

Par son vote du 16 pluviôse an II (4 février 1794), la Convention avait aboli l'esclavage dans toutes les colonies françaises. Influencé, selon ses propres termes, par « les criailleries des colons, qui formaient à Paris un gros parti », ainsi que par Talleyrand et Joséphine, native de la Martinique, Napoléon rétablit l'esclavage par la loi du 30 floréal an X (20 mai 1802).

Un homme sera particulièrement touché par cette mesure. À Saint-Domingue, un ancien esclave du nom de ***Toussaint Louverture***, général de l'armée française, s'est arrogé tous les pouvoirs, avec l'accord de la Convention. Mais lorsque, en 1801, il publie une Constitution qui fait de lui le gouverneur à vie de l'île, Bonaparte décide de mettre fin à ses velléités. En 1802, il envoie une armée de 20 000 hommes afin de rétablir l'autorité de la métropole sur la colonie. Puis il fait déporter Toussaint Louverture au fort de Joux, dans le Doubs, où celui-ci mourra de froid et de mauvais traitements l'année suivante.

## Napoléon, génie militaire

En 1805, Napoléon se préparait à envahir l'Angleterre, après avoir rassemblé ses troupes à Boulogne-sur-Mer, quand la formation d'une nouvelle ***coalition*** contre la France le contraignit à changer ses plans. À marche forcée, la Grande Armée gagna le Rhin et fut mise en devoir de battre les armées russe et autrichienne. Wertingen, Elchingen, Ulm, Vienne, autant de victoires françaises. Pour finir l'année en beauté, Napoléon Ier choisit lui-même le terrain où il comptait affronter les Austro-Russes, commandés par l'empereur d'Autriche François II et le tsar Alexandre Ier : ce fut Austerlitz. De plus, il sut utiliser au mieux le brouillard qui avait envahi les abords du plateau de Pratzen et qui cachait les positions françaises.

Le 2 décembre, feignant d'être en position d'infériorité, il ordonne à ses troupes d'abandonner Austerlitz et le plateau de Pratzen. Et pendant que les soldats austro-russes descendent vers l'aile droite française, commandée par Davout, Napoléon lance Soult et ses hommes à l'assaut du plateau abandonné, conquis en une demi-heure. Au final, l'aile gauche austro-russe est prise en tenaille entre Davout et Soult. La bataille dite des Trois Empereurs, qui a duré neuf heures, signe le ***génie militaire*** de Napoléon Ier…

## Nicolas Conté

« L'Orient n'attend qu'un homme », aimait à dire Bonaparte. En 1798, il se lance à la conquête de l'Égypte, occupée par les Anglais. Aux 54 000 hommes embarqués, s'ajoute une commission d'experts composée d'artistes et d'ingénieurs : ils vont rapporter une foule d'informations dans tous les domaines (architecture, botanique, astronomie, chimie...) qui leur permettront d'alimenter les volumes de la monumentale *Description de l'Égypte*. Parmi eux, un personnage haut en couleur, ***Nicolas Conté***, inventeur du crayon au graphite qui porte son nom. Formidable touche-à-tout, Conté fait équiper des moulins à vent, créer des fonderies, piler le tabac, fabriquer des armes et des vêtements..., et il dessine, naturellement !

## Joséphine et la botanique

C'est peut-être sous les cieux de la Martinique que Joséphine avait développé cette attirance pour la nature et les plantes rares. Les professeurs du Muséum d'histoire naturelle à Paris considéraient d'ailleurs la première épouse de Napoléon comme leur protectrice. Quand elle achète le domaine de Malmaison, elle demande à l'architecte-décorateur Berthault de lui dessiner un jardin digne de ses rêves. Des roses – Joséphine a réussi à rassembler près de 250 espèces différentes – s'épanouissent à l'envi. Des plantes nouvelles fleurissent pour la première fois en France : le magnolia pourpre, la pivoine arbustive, l'hibiscus, le camélia ou le dahlia. Une partie de ces ***plantes exotiques*** importées des tropiques se développe dans l'endroit le plus merveilleux de Malmaison, la serre chaude, qui surpasse en beauté celle du jardin des Plantes de Paris…

## Jean-François Champollion

Est-ce d'avoir étudié dans son enfance les langues anciennes, ou plutôt sa rencontre décisive avec le préfet Fourier, ayant participé à l'expédition d'Égypte sous Bonaparte, qui communiqua à Jean-François Champollion sa passion pour le pays des pharaons ?

Tout jeune, Champollion s'intéresse à la ***pierre de Rosette***, dont il s'est procuré une copie. Ce fragment de basalte est entièrement couvert d'une inscription gravée en 196 av. J.-C. et écrite en trois langues : en hiéroglyphes, en démotique (ancienne langue égyptienne) et en grec ancien. C'est en comparant les deux dernières langues que Champollion parvient à déchiffrer les hiéroglyphes. Le 14 septembre 1822, il découvre que l'écriture égyptienne est composée à fois d'idéogrammes (signes-mots) et de phonogrammes (signes-sons). En 1828, le savant réalise le rêve de sa vie : il s'embarque pour l'Égypte où il inventorie, traduit, relève des inscriptions. Il mourra en 1832, épuisé par la maladie, à l'âge de 41 ans. Mais Champollion n'aurait jamais pu mener à bien son aventure sans l'appui de son frère Jacques-Joseph, grand érudit, qui devait faire largement connaître les découvertes de son cadet.

# De la Restauration à la Belle Époque

## Charles Fourier

Dans la droite ligne de l'esprit des Lumières, le projet élaboré par Charles Fourier (1772-1837), philosophe et économiste, prônait une réforme économique, sociale et humaine allant à l'encontre des principes défendus par la société industrielle bourgeoise. Fourier voulait mettre sur pied des ***phalanstères***, unités de vie en forme d'étoile, où le logement et la nourriture seraient collectifs et où les habitants seraient regroupés en fonction de leur passion dominante. Le résultat recherché visait à l'harmonie universelle.

Si plusieurs disciples de Fourier tentèrent de réaliser cette utopie, seul le familistère de Guise, dans l'Aisne, fut un succès. Imaginé par Jean-Baptiste André Godin (1817-1888), fondateur de la manufacture des célèbres poêles et fouriériste convaincu, ce « palais social » était composé de trois pavillons d'habitation, soit 500 logements avec eau courante et toilettes – incroyable pour l'époque –, et d'équipements tels la buanderie-piscine, le jardin d'agrément, les écoles ou encore le théâtre.

Cette réalisation généreuse où des familles vécurent pendant un siècle est aujourd'hui un musée.

## le comte de Chambord

Dernier représentant de la branche aînée des Bourbons, Henri de Chambord naît au palais des Tuileries à Paris en octobre 1820 ; appelé d'abord duc de Bordeaux, il porte ensuite le titre de comte de Chambord, nom du château que les royalistes lui offrent à son baptême. Le poète Lamartine le baptise « enfant du miracle », car il est le fils posthume du duc de Berry, qui a été assassiné en février, et de la princesse Marie-Caroline de Bourbon-Sicile. En 1830, à l'âge de dix ans, il est proclamé roi sous le nom d'Henri V lors de l'abdication de Charles X, mais il ne régnera jamais. Pourtant, son accession au trône a paru certaine au moment où des pourparlers se sont engagés entre légitimistes et orléanistes. Mais son ***intransigeance*** – il refuse notamment de renoncer au drapeau blanc, symbole royal… – lui vaut d'être définitivement écarté. « Henri V » meurt en exil en Autriche en 1883 ; comme il n'a pas eu d'enfant, la maison d'Orléans devient la seule héritière du trône.

## l'affaire Choiseul-Praslin

Le 17 août 1847, le duc de Choiseul-Praslin, pair de France, rentre à son hôtel parisien, 55 faubourg Saint-Honoré. Vers 5 heures, les domestiques, alertés par des cris et des bruits de chute, découvrent, après avoir fracturé la porte de la chambre, fermée de l'intérieur, la duchesse baignant dans son sang ; elle a été frappée de trente coups de couteau. « C'est un homme du monde qui a fait ça ! » s'écrie le chef de la police de sûreté. Le pistolet du duc trouvé sur place le désigne comme coupable. Entre les époux, les relations étaient tendues. Soupçonné, le duc est pourtant simplement assigné à résidence. Malgré une surveillance policière, il réussit à s'empoisonner et meurt dans d'atroces souffrances, en ayant toujours nié sa culpabilité. Après son suicide, la cour des pairs déclare l'action publique éteinte, mais ***l'opposition se déchaîne*** : la monarchie de Juillet a-t-elle voulu étouffer l'affaire ?

Lors de la découverte du meurtre, tous les objets présents sur la scène du crime sont saisis : pantoufle tachée de sang, flacon contenant de l'arsenic, etc., en tout ***51 pièces*** à conviction, conservées depuis aux Archives nationales. Et plus de 150 ans après, l'affaire n'a toujours pas été élucidée… !

## Aristide Boucicaut

Avez-vous lu *Au Bonheur des Dames*, de Zola ? Ce roman raconte l'ascension rapide d'Octave Mouret, créateur d'un grand magasin, Au Bonheur des Dames, qui va conduire à la faillite les petits boutiquiers alentour. Le romancier s'est inspiré de la saga du Bon Marché, « réalisation moderne d'un palais du rêve, d'une Babel entassant des étages, élargissant des salles, ouvrant des échappées sur d'autres étages et d'autres salles à l'infini ».

En 1852, Aristide Boucicaut, ancien chef de rayon d'un magasin de nouveautés, s'associe avec un certain M. Videau, propriétaire d'une petite boutique. Dix ans après la création de l'enseigne, il inaugure un nouveau bâtiment, rue de Sèvres, conçu par Gustave Eiffel. Le chiffre d'affaires explose, Boucicaut innovant dans plusieurs domaines : il décrète l'affichage des prix (des prix qu'il réduit au maximum), s'engage à reprendre les articles qui ont cessé de plaire, livre les marchandises à domicile et invente les soldes. En créant le concept du ***« client-roi »***, il opère une véritable révolution des pratiques commerciales ! De plus, non content de faire de la publicité, il lance la publication de catalogues qu'il envoie à ses clientes dans toute la France : la vente par correspondance est née !

## les frères Pereire

Nés à Bordeaux au tout début du XXe siècle, ***Émile et Isaac Pereire*** sont issus d'une famille de juifs originaires du Portugal dont le grand-père fut l'interprète de Louis XV pour les langues espagnole et portugaise. Très jeunes, ils se passionnent pour la finance et adhèrent aux idées du comte de Saint-Simon : son système économique et social utopique préconise, grâce aux progrès du monde industriel, l'amélioration de la condition de la classe ouvrière. Symbolisant la montée de la bourgeoisie, les frères Pereire, forts de l'appui de Napoléon III, sont à l'origine de la création de grandes banques comme le Crédit mobilier, en 1852, spécialisé dans les prêts à long terme aux industriels. Dans bien des domaines, ils prouvent leur modernité : n'ont-ils pas contribué en 1837 à créer la première ligne de chemin de fer reliant Paris à Saint-Germain et à Versailles ? Grâce au Crédit mobilier, les frères Péreire financent la plupart des réseaux de chemins de fer, les compagnies du gaz et des omnibus à Paris, etc. Ils contribuent également à la mise en valeur des Landes de Gascogne, opération lancée en 1857 par Napoléon III, et font lotir la Ville d'Hiver à Arcachon, où s'élèvent bientôt de somptueuses villas.

# le procès de Baudelaire

Le 20 août 1857, le tribunal correctionnel de la Seine condamne Baudelaire à 300 francs d'amende pour la publication des ***Fleurs du mal***, le chef d'accusation retenu étant l'atteinte à la morale publique et aux bonnes mœurs. Certains des vers incriminés exaltent notamment « les jeux latins et les voluptés grecques » ! L'amende étant trop lourde pour la bourse du poète, il adresse à l'impératrice Eugénie une lettre qui commence par ces mots : « Madame, il faut toute la prodigieuse présomption d'un poëte [*sic*] pour oser occuper l'attention de votre Majesté d'un cas aussi petit que le mien. J'ai eu le malheur d'être condamné pour un recueil de poésies intitulé *Les Fleurs du mal*, l'horrible franchise de mon titre ne m'ayant pas suffisamment protégé. J'avais cru faire une belle et grande œuvre, surtout une œuvre claire ; elle a été jugée assez obscure pour que je sois condamné à refaire le livre et à retrancher quelques morceaux (six sur cent). » Grâce à l'intervention de l'impératrice, l'amende sera finalement ramenée à 50 francs !

Et il faudra attendre… le 31 mai 1949, soit près d'un siècle plus tard, pour que le jugement de 1857 soit cassé !

## Bartholdi et la statue de la Liberté

Savez-vous qui est l'auteur de la statue de la Liberté ? Un Alsacien de Colmar, ***Bartholdi***, qui la réalisa dans les conditions que voici. Pour le centenaire de l'indépendance des États-Unis, un homme politique, Lefebvre de Laboulaye, décida de faire ce cadeau à ses amis américains : la statue devait être achevée en 1876, mais la guerre de 1870 retarda le projet. Le monument, dont la structure interne en cuivre avait été mise au point par Gustave Eiffel, fut finalement inauguré en octobre 1886, les 350 pièces nécessaires à sa construction ayant voyagé par train depuis l'Alsace jusqu'à Rouen, puis en bateau sur la Seine jusqu'au Havre, avant de prendre la direction de New York, où le navire arriva en juin 1885.

Mais nul besoin de traverser l'Atlantique pour aller admirer *La Liberté éclairant le monde*. Il existe ***l'original***, en bronze, en modèle réduit, à Paris ! La statue, de 9 mètres de haut, se dresse à l'extrémité de l'allée des Cygnes à Paris, sur l'île du même nom, à l'ouest de la capitale. Elle fut offerte en 1885 à la Ville de Paris par la colonie américaine et mise en place lors de l'Exposition universelle de 1889.

Et l'histoire continue : pour le centenaire de la Révolution française, Bartholdi avait fondu une autre statue en bronze d'après un prototype en plâtre, qui fut d'abord exposée au musée du Luxembourg avant d'être installée pour plus d'un siècle dans les jardins du Sénat. Depuis le 2 juillet 2012, elle a pris place au musée d'Orsay…

*La tête de la statue de la Liberté exposée en 1878 au Champ-de-Mars*

## Fulgence Bienvenüe

À la fin du XIXe siècle, Paris compte près de trois millions d'habitants ; la circulation est insupportable tant les rues sont encombrées ! Une solution doit être trouvée, et de toute urgence. Les projets les plus fous voient le jour : un chemin de fer aérien ou un viaduc qui enjamberait la Seine sur toute sa longueur ! Le temps presse, car la capitale doit accueillir l'Exposition universelle de 1900. La Ville de Paris et l'État chargent alors un ingénieur des Ponts et Chaussées, ***Fulgence Bienvenüe***, déjà au service de la ville depuis de longues années, de concevoir un chemin de fer souterrain à traction électrique. Dès que les travaux sont déclarés d'utilité publique par la loi du 30 mars 1898, le chantier entre en action : il faut déplacer égouts, canalisations, sans les percer, faire sauter la roche, etc. 2 000 terrassiers s'activent, le plus souvent à ciel ouvert, durant dix-sept mois de travaux ininterrompus.

L'ouverture au public de la ligne 1 (porte de Vincennes-porte Maillot) du métropolitain a lieu le 19 juillet 1900 à 13 heures. Ce nouveau mode de transport est immédiatement plébiscité par le public : dès la première année, le trafic dépasse les 15 millions de voyageurs !

# De 1900 à 1930

## Jules Ferry

Le 18 septembre 1794, par le décret du 2 sansculotides an II, la séparation de l'État et de l'Église avait été actée. Le Concordat, signé par Bonaparte et le pape Pie VII le 15 juillet 1801, met fin à cette séparation, reconnaissant « le catholicisme comme la religion de la grande majorité des Français ». C'est l'État qui nomme les évêques et les archevêques, les membres de l'Église prêtant serment de ***fidélité au Premier consul***. En contrepartie, le gouvernement rémunère les ministres des cultes catholique et protestant, puis juif.

Une nouvelle loi de séparation des Églises et de l'État est votée le ***9 décembre 1905*** à l'initiative du député socialiste Aristide Briand, modéré et partisan d'une neutralité des pouvoirs publics vis-à-vis du fait religieux. Plusieurs hommes ont préparé le terrain : Jules Ferry, puis Waldeck-Rousseau, qui ont défendu la ***laïcité***, cependant que la loi de 1904 portée par Émile Combes interdisait aux congrégations religieuses d'enseigner.

Par cette loi, qui va susciter de fortes oppositions et des ***débats houleux*** au sein de la société française, l'État ne subventionne plus les cultes, les biens mobiliers de l'Église sont mis à la disposition d'associations cultuelles tandis que les biens immobiliers construits avant 1905 deviennent la propriété des collectivités publiques.

## Georges Clemenceau

Il fait partie de l'histoire vendéenne au même titre que les chouans ou le maréchal de Lattre de Tassigny ! ***Georges Clemenceau*** a marqué durablement le paysage politique français. Après s'être opposé à la politique réactionnaire du général Mac-Mahon et avoir provoqué la chute des ministères de Gambetta et de Jules Ferry, il gagne son surnom de « tombeur des ministères ». Savez-vous qu'il fut aussi directeur de plusieurs journaux, dont *L'Aurore* où, le 12 janvier 1898, il publia le fameux « J'accuse ! » de Zola lors de l'affaire Dreyfus ?

En 1906, il est nommé ministre de l'Intérieur (« Je suis le premier flic de France ! », revendique-t-il, n'hésitant pas à faire tirer sur les manifestants à plusieurs occasions), puis président du Conseil. En 1917, alors ministre de la Guerre, il restaure la confiance de la France par sa ***lutte contre le défaitisme*** et négocie le traité de Versailles en 1919. Il y gagne un nouveau surnom, le Tigre !

Dans cette vie bien remplie, Clemenceau avait eu le temps de créer en 1907 les brigades régionales de police mobile, les fameuses « ***brigades du Tigre*** », ancêtres de la police judiciaire actuelle, réparties dans toute la France.

## « Ils ont tué Jaurès ! »

Le 31 juillet 1914, un homme fait feu à trois reprises, semant la panique dans le café *À la chope du croissant*, rue Montmartre à Paris. Des cris jaillissent : « Ils ont tué Jaurès ! » Atteint de deux balles, celui-ci s'est affaissé lentement. Le député Pierre Renaudel, proche de Jaurès, saisit une bouteille siphon puis se lance à la poursuite du tueur et l'assomme de son instrument improvisé. Ce tueur se nomme Raoul Villain : d'***extrême-droite***, il est opposé à la politique pacifiste de Jaurès. Deux jours après ce crime, l'Allemagne déclare la guerre à la France. Raoul Villain est emprisonné mais, lorsqu'en 1919 a lieu son procès, la cour prononce l'acquittement et, pire encore, la veuve de Jean Jaurès est condamnée à régler les frais du procès…

Pourtant, des affiches collées sur les murs de Paris à l'initiative de Viviani, président du Conseil, proclamaient le lendemain de ce meurtre : « Citoyens, un abominable attentat vient d'être commis. M. Jaurès, le grand orateur qui illustrait la tribune française, vient d'être lâchement assassiné. » Le texte saluait aussi le « républicain socialiste qui a lutté pour de si ***nobles causes*** et qui, en ces jours difficiles, a dans l'intérêt de la paix, soutenu l'action patriotique du gouvernement ».

Toujours en activité, le café Croissant, au 146 de la rue Montmartre, a conservé intact le souvenir de Jaurès.

## trêve de Noël dans les tranchées

Le 3 août 1914, l'Allemagne et la France décrètent la mobilisation générale. Nul ne sait alors que la Première Guerre mondiale se terminera quatre ans plus tard, après la mort de 20 millions d'hommes !

Dès l'entrée en guerre, les pertes sont lourdes… En décembre 1914, aux alentours d'Ypres, les soldats belges, britanniques et français d'un côté, et allemands de l'autre (soit un million d'hommes dans chaque camp), survivent dans le froid, la boue et la neige.

Au matin du 25 décembre 1914, des ***chants de Noël*** se font entendre, provenant des lignes allemandes, le long desquelles des sapins ont été placés. Lentement, les Allemands sortent des tranchées et invitent leurs adversaires à faire de même : on chante, on joue aux cartes, au ballon, le temps d'une trêve impromptue. Un officier allemand, ténor d'opéra, Walter Kirchhoff, une star de l'époque, entonne *Stille Nacht*, applaudi par un capitaine français, qui le reconnaît. Ce mouvement spontané, qui n'est d'ailleurs pas suivi par tous, ne plaît pas aux chefs militaires, qui n'hésiteront pas à déplacer certaines unités…

Aujourd'hui, des passionnés reconstituent ces moments de paix. *Joyeux Noël*, un film de Christian Carion réalisé en 2005, s'est inspiré de ces épisodes qui se renouvelèrent plusieurs fois pendant la Grande Guerre.

## Paul Deschanel

Écrivain, député, excellent orateur et démocrate convaincu, ***Paul Deschanel*** est élu président de la République le 18 février 1920. Le 23 mai, il prend le train en direction de Montbrison, dans la Loire, où il va inaugurer un monument avec d'autres ministres. À la hauteur de Montargis, dans le Loiret, il quitte son wagon-lit et, l'esprit embrumé par la prise de somnifères, ouvre la fenêtre à guillotine de son compartiment et atterrit sur la voie, en pyjama ! Par bonheur, celle-ci était en travaux et le train ne roulait qu'à 50 km/heure ! « Je suis le président de la République. Je suis tombé du train. » C'est par ces mots que Paul Deschanel, le 24 mai au matin, aborde André Rabeau, garde-barrière du passage à niveau 79, près de Mignerette, qui fait sa tournée. La presse fait ses choux gras de l'événement, caricaturistes et chansonniers s'en donnant à cœur joie : « Il n'a pas oublié son pyjama, c'est épatant mais c'est comme ça ! » En septembre 1920, Paul Deschanel démissionne de la présidence et sera remplacé par Alexandre Millerand. À l'encontre de toutes les rumeurs qui coururent sur ses prétendues excentricités, les historiens pensent que Deschanel souffrait de dépression. Devenu sénateur après sa démission, il mourut en 1822 d'une pleurésie.

# Les heures sombres ... et après

## l'affaire Stavisky

En 1934, la France, durement affectée par la crise économique, va mal. Dans cette période agitée, l'affaire Stavisky surgit à point nommé et va mettre le feu aux poudres. Homme d'affaires juif d'origine russe, Serge Stavisky a été poursuivi pour des détournements d'argent. Grâce à l'appui de parlementaires, il réussit pourtant à fonder le Crédit municipal de Bayonne dont il devient le directeur. Il détourne alors plusieurs millions de bons émis par cette banque, gagés sur des bijoux volés ou faux ! Le scandale, dans lequel plusieurs personnalités sont impliquées, éclate le 3 janvier 1934.

Stavisky est découvert tué d'une balle de revolver le 8 janvier à Chamonix. Les circonstances douteuses de sa mort – *Le Canard enchaîné* titre « Stavisky s'est suicidé d'une balle tirée à trois mètres » – entraînent la mise en cause du gouvernement par les ligues d'extrême-droite, qui l'accusent d'avoir tué le banquier pour l'empêcher de parler. À partir du 10 janvier, sur le thème « À bas les voleurs ! », de violentes manifestations anti-gouvernementales sont organisées. Cette affaire entraîne la démission du gouvernement Chautemps, remplacé par celui de Daladier, et aboutit aux ***émeutes du 6 février 1934***, lors d'un gigantesque rassemblement place de la Concorde. L'affaire Stavisky a donné lieu à un film d'Alain Resnais avec Jean-Paul Belmondo.

## d'Astier de la Vigerie

Moins connu que Jean Moulin, ***Emmanuel d'Astier de la Vigerie***, né en 1900, fut pourtant l'une des figures phares de la Résistance : dans sa famille, c'était une évidence, puisque deux de ses frères devaient aussi prendre les armes contre les Allemands. En 1940, d'Astier de la Vigerie fonde à Cannes le mouvement *La Dernière Colonne*, spécialisé dans le sabotage. Entré dans la clandestinité l'année suivante sous le nom de Bernard, il crée le mouvement *Libération* qui, avec *Combat* et *Franc-Tireur*, s'illustrera dans la résistance en zone sud. Parallèlement, il fonde le journal *Libération*. Pendant un an et demi, rallié à de Gaulle, Emmanuel d'Astier de la Vigerie enchaîne les allers et retours à Londres et joue un rôle important dans l'unification des mouvements de résistance.

En 1943, il est nommé commissaire à l'Intérieur du Comité français de Libération nationale (CFLN) à

Alger, puis, lors de la création du Gouvernement provisoire de la République française en juin 1944, il devient ***ministre de l'Intérieur***. De 1946 à 1958, il est député communiste de l'Ille-et-Vilaine, avant de se tourner vers les gaullistes de gauche.

## Georges Mandel

De son vrai nom Louis Georges Rothschild, Georges Mandel naît en 1885 à Chatou, dans les Yvelines. Sans lien avec la famille de banquiers, Mandel prend le nom de jeune fille de sa mère pour se prémunir contre l'antisémitisme virulent des ligues d'extrême-droite. Journaliste, chef de cabinet de Clemenceau en 1917, il devient député de Gironde. Dès les années 1930, ce ***visionnaire*** s'élève contre les menées de l'Allemagne nazie. Il est nommé ministre des Postes, Télégraphes et Téléphone, ministre des Colonies puis, en 1940, ministre de l'Intérieur. Appelé « Mandel le Grand » par Churchill pour sa lucidité, il se déclare totalement opposé à l'armistice, mais refuse à deux reprises de se rendre à Londres, défendant l'idée symbolique de s'établir en Afrique du Nord afin d'y lutter contre l'occupation allemande. Le 20 juin 1940, il embarque pour le Maroc, où il apprend que l'armistice a été signé par Pétain le 22. Transféré vers la France, il est livré à l'Allemagne. Savez-vous que c'est Mandel qui proposa le nom de Charles de Gaulle pour représenter la France à Londres ? Ballotté de prison en prison, dans des camps allemands où un secteur est réservé aux hommes politiques des pays occupés – il retrouve ainsi Léon Blum près de Buchenwald –, puis à la Santé, Mandel est finalement livré à la Milice et assassiné le 7 juillet 1944, six semaines seulement avant la libération de Paris. Il aurait été exécuté sur ordre direct d'Hitler.

## Germaine Tillion

« Toute ma vie, j'ai voulu comprendre la nature humaine, le monde dans lequel je vivais », rapporte Germaine Tillion dans À la recherche du vrai et du juste. À propos rompus avec le siècle. Née en 1907, cette grande figure aura passé ce siècle tourmenté à tirer les enseignements de ses expériences. De 1934 à 1940, elle se rend en Algérie, où elle étudie tous les aspects qui régissent une tribu semi-nomade des Aurès, les Chaouia. Revenue en France en 1940, elle se lance aussitôt dans la Résistance, tout en apportant son aide aux prisonniers de guerre des colonies françaises. En 1942, elle est dénoncée et déportée au camp de Ravensbrück, dont elle rapportera ***Le Verfügbar aux Enfers***, une opérette fondée sur l'analyse ethnologique du fonctionnement du camp, et non dénuée… d'humour.

à son profit. Elle loue ensuite une voiture pour transporter la malle et son macabre contenu jusqu'au Puits d'Enfer. Lors du procès, Planet est condamné à vingt ans de travaux forcés et Andrée Farré à la peine capitale, commuée par Vincent Auriol en réclusion à perpétuité. Henri-Georges Clouzot, qui assistait au procès, s'inspira en partie de ce fait divers pour son film *Les Diaboliques*.

Textes extraits de 1001 secrets d'histoire de France
(sauf p. 74, 76, 77, 78, 79) © Prat Éditions 2012
Couverture : © Valery Sibrikov-Fotolia.com
Crédit iconographique : DR


SAS au capital de 4.099.168 euros
52, rue Camille Desmoulins, 92448 Issy-les-Moulineaux Cedex
ISBN : 978-2-8095-0671-6



Achevé d'imprimer
en août 2014
par Dimograf
Bielsko-Biala - Pologne

En 1954, elle repart en Algérie, où elle organise l'éducation des enfants et des adultes. Lors de la guerre d'Algérie, elle se lance dans une campagne vigoureuse contre la torture et la peine capitale. Germaine Tillion fait aujourd'hui partie des personnalités appelées à rejoindre les voûtes du Panthéon en compagnie d'une autre grande résistante, Geneviève Anthonioz-De Gaulle.

## Andrée Farré, la Diabolique

Le 9 février 1949, des enfants du préventorium des Sables d'Olonne, en Vendée, partent en promenade au bord de l'océan. Parvenus au Puits d'Enfer, une faille où l'eau s'engouffre en bouillonnant, ils aperçoivent une « forme blanche » et les restes d'une grande malle en osier, qui s'est brisée sous la violence de la mer. Des eaux furieuses, on retire le corps d'un homme d'une soixantaine d'années, pieds et poings liés.
Cette découverte marque le début d'une des plus ***célèbres affaires de l'après-guerre***, dominée par la personnalité de l'instigatrice de ce crime, Andrée Farré, née en 1909 dans une famille vendéenne aisée. En 1948, elle trouve une place de gouvernante à Paris chez Robert Thélier, riche tailleur parisien et rentier. Très vite, elle planifie son acte. Aidée de son jeune amant, Robert Planet, elle torture puis étrangle son patron, après lui avoir fait signer des chèques